Miraculous™ is a trademark of ZAG™ – Method™.
© 2020 ZAGTOON™ – METHOD ANIMATION™ –
TOEI ANIMATION – SAMG – SK BROADBAND –
AB INTERNATIONAL – DE AGOSTINI EDITORE S.p.A.
ALL RIGHTS RESERVED.

Miraculous – Die größten Geheimnisse aus Alyas Blog
Deutschsprachige Ausgabe 2020
durch die Panini Verlags GmbH,
Schloßstraße 76, 70176 Stuttgart
Alle Rechte vorbehalten.
Verlagsleitung: Gabriele El Hag
Chefredaktion: Nicole Hoffart
Redaktion: Verena Gschwind (verantw.)
Redaktionelle Mitarbeit: Carina Krug
Lektorat: Helga Kronthaler
Bildquellennachweis: ZAG, Shutterstock.com
Grafik: tab indivisuell, Stuttgart
Druck: CPM Centro Poligrafico Milano S.p.A., Mailand, Italien
ISBN 978-3-8332-3874-1
www.paninishop.de

Die Deutsche Nationalbibliothek verzeichnet diese Publikation in der
Deutschen Nationalbibliografie; detaillierte bibliografische Daten sind
im Internet über http://dnb.d-nb.de abrufbar.

Inhalt

Willkommen auf dem Ladybug-Blog!	6
Das bin ich: Alya Césaire	8
Das ist meine beste Freundin Marinette	10
Das ist meine Heldin Ladybug	12
Facts First: Das weiß ich über Ladybug	14
Oh Schreck – ich wurde akumatisiert!	16
Im Bann des Bösen: 3 Fragen an ... ... akumatisierte Klassenkameraden	18
Akumatisiert? Das kannst du dagegen tun!	22
Highlight: Interview mit Ladybug	24
Uuund Action: die coolsten Rettungsaktionen	26
Sensation: Sind Ladybug und Cat Noir ein Paar?	28

Yo, Leute! Willkommen auf dem

Hier dreht sich alles um Ladybug, meine absolute Lieblingssuperheldin. Warum? Weil es niemanden gibt, der mutiger ist als sie. Und geheimnisvoller ...

Wer ist Ladybug?

Ich bin Alya, gehe in die zehnte Klasse und stehe total auf Superheldinnen. Eigentlich schon immer – na ja, jedenfalls so lange ich denken kann! Seit es allerdings Ladybug gibt, interessiere ich mich nur noch für sie. Warum? Weil sie einfach faszinierend ist! Darum ist auch dieser Blog entstanden.

Bisher hat noch niemand herausfinden können, wer sich hinter der mysteriösen Marienkäfermaske verbirgt. Aber genau das ist mein Ziel. Ich will wissen, ob unter dem roten Superheldinnenanzug ein schüchternes graues Mäuslein steckt oder eine selbstbewusste Powerfrau. Und alles, was ich bei meinen Nachforschungen herausfinde – Reportagen, Videoclips, Fotos –, kommt sofort auf meinen Ladybug-Blog.

Immer topaktuell

Mein Ladybug-Blog ist die beste, schnellste und ausführlichste Informationsquelle zu allem, was mit Ladybug zu tun hat. Hier erfahrt ihr immer, welcher Schurke unsere schöne Heimatstadt Paris gerade bedroht – und was Ladybug unternimmt, um ihn zu stoppen. Ohne dabei ins Schwitzen zu geraten, versteht sich. Wenn ihr also auf dem Laufenden bleiben wollt, seid ihr hier genau richtig.

tollsten Blog aller Zeiten!

Was mich antreibt

Als Reporterin muss man von Natur aus neugierig sein. Nicht unbedingt ein Klatschmaul, aber interessiert an dem, was um einen herum vor sich geht. Darin bin ich ziemlich gut. Und meine Reporterspürnase hat mich auch schon öfter auf die richtige Spur geführt. Okay, manchmal auch auf Abwege ... Aber hey, immerhin war ich schon mehrmals ganz nah dran an Ladybug! Einmal hat sie mir sogar ein Exklusiv-Interview gegeben.

Mein Leben als Bloggerin

Viele von euch fragen mich, wie ich es schaffe, immer dann zur Stelle zu sein, wenn Ladybug in Aktion tritt. Ganz einfach! Ich krieg 'ne Nachricht auf mein Handy. Dann schalte ich auf Turbo und versuche, so schnell wie möglich an den Ort des Geschehens zu kommen und zu filmen. Damit ihr nichts verpasst!

> Früher oder später finde ich heraus, wer Ladybug wirklich ist. Versprochen! Bis dahin, macht's gut, Leute! Bleibt dem Ladybug-Blog treu und schaut bald wieder rein!

Eure Alya

# Alles über ... MICH!

Seit ich über unsere Lieblingssuperheldin blogge, bekomme ich viel Feedback von euch. Es freut mich total, dass euch der Ladybug-Blog so gut gefällt. Oft werde ich auch gefragt, wer ich bin, wie ich so lebe, was mich interessiert und, und, und ... Darum verrate ich euch heute ein bisschen was über mich.

Ich heiße Alya Césaire, lebe in Paris und besuche die zehnte Klasse des Collège Françoise Dupont. Dort bin ich stellvertretende Klassensprecherin und schreibe den Schulblog. In meiner Freizeit treffe ich mich mit meinen Freunden, jage meiner Lieblingssuperheldin nach und berichte hier auf dem Ladybug-Blog über sie. Die meiste Zeit verbringe ich aber vermutlich mit meiner besten Freundin Marinette. Über sie erfahrt ihr auf den nächsten Seiten mehr.

Das ist meine Familie!

Meine Mutter Marlena ist Chefköchin im Restaurant des Hotels „Le Grand Paris" und verwöhnt uns zum Glück auch zu Hause mit ihren Feinschmeckerrezepten – mmmhm, lecker! Mein Vater Otis liebt Tiere über alles – außer seiner Familie natürlich! Er hat sein Hobby zum Beruf gemacht und arbeitet im Pariser Zoo. Meine ältere Schwester Nora ist ein absoluter Sportfreak und im Gegensatz zu mir total durchtrainiert. Sie ist eine super Boxerin – legt euch also nicht mit ihr an! Meine kleinen Schwestern Ella und Etta sind Zwillinge und sehen sich so ähnlich, dass wir sie oft nur aufgrund ihrer Klamotten auseinanderhalten können. Ihr könnt euch bestimmt vorstellen, dass es bei uns zu Hause oft rundgeht. Aber trotz allen Trubels – um an meinem Ladybug-Blog zu arbeiten, finde ich immer eine stille Ecke.

Was ich mag:

- 😊 meine Freunde, vor allem Marinette und Nino, aber auch Adrien, Mylène, Rose, Juleka, Alix, Ivan, Nathaniel, Kim und Max
- 😊 Superheldinnen
- 😊 Filme machen
- 😊 Reportagen schreiben
- 😊 Menschen, die zu ihren Fehlern stehen

Wir halten immer zusammen!

Was ich nicht mag:

- 🤔 Angeber, Lügner und Betrüger
- 🤔 Unehrlichkeit
- 🤔 Oberflächlichkeit
- 🤔 Menschen, für die nur Äußerlichkeiten, Geld und Macht zählen

Mein Traumberuf

Irgendwas mit Journalismus, zum Beispiel Reportagen fürs Fernsehen machen oder Artikel für Zeitungen schreiben.

Mein größter Wunsch ist, ...

... mich irgendwann mal lange und ausführlich mit Ladybug zu unterhalten. Aber das habt ihr euch wahrscheinlich schon gedacht, oder? Wenn mein Wunsch sich erfüllt, seid ihr die Ersten, die es erfahren. Hier auf diesem Blog!

Best Friends Forever

Freunde kommen und gehen
wie die Wellen des Meeres.
Beste Freunde bleiben
wie der Fels in der Brandung.

My Bestie!

Diesen Spruch hab ich mal irgendwo gelesen und nicht mehr vergessen. Weil er stimmt. Ohne meine beste Freundin kann ich mir mein Leben gar nicht mehr vorstellen. Mit wem sollte ich sonst lachen und weinen, telefonieren und texten, über alles Mögliche und Unmögliche quatschen – oder auch mal nur schweigend dasitzen und in die Wolken blicken? All das und noch viel mehr mache ich mit meiner besten Freundin: Marinette Dupain-Cheng. Und weil ich mich immer und überall auf sie verlassen kann, hat sie einen Blogeintrag verdient, finde ich. Auch wenn sie keine Superheldin ist.

Das ist Marinette!

Marinette ist so alt wie ich und geht in dieselbe Klasse. In der Schule haben wir uns auch kennengelernt, am ersten Schultag nach den großen Ferien. Es war sozusagen Freundschaft auf den ersten Blick. Dabei sind wir total unterschiedlich. Aber Marinette meint, dass wir gerade deshalb so gut zusammenpassen. Ein paar Beispiele: Marinette ist verträumt und romantisch – ich bin eher die nüchterne Realistin. Sie ist tollpatschig und traut sich oft nichts – ich dagegen weiß, was ich will und wie ich es bekomme. Da ergänzen wir uns perfekt. Und bei den wirklich wichtigen Dingen sind wir auf einer Linie.

Was ich an Marinette mag:

😊 Sie isst Spaghetti mit Stäbchen und hat auch sonst viele verrückte Ideen. Mit Marinette wird es wirklich nie langweilig.

😊 Ihr kann ich absolut alles anvertrauen. Und wenn ich ein Problem hab, ist sie immer für mich da.

😊 Sie ist ein Tollpatsch, und das ist manchmal sooo süß …

😊 Wenn's um Mode geht, macht ihr niemand was vor. Sie entwirft und schneidert all ihre Klamotten selbst.

😊 Marinette setzt sich für andere ein. Darum hat sie sich auch bereit erklärt, Klassensprecherin zu werden.

😊 Und … sie bringt mir oft was Leckeres aus der Bäckerei ihres Vaters mit. Dort gibt's die besten Croissants von ganz Paris!

Unsere Freundschaftstipps

😘 Gebt euch gegenseitig Halt! Wenn bei mir die Nerven blank liegen, ist Marinette der Fels in der Brandung. Wenn es sein muss, trägt sie mich sogar für das perfekte Selfie auf den Schultern. Ist sie nicht die Beste?

😘 Macht einander Mut! Wenn Marinette sich was nicht traut, mach ich ihr Mut. Oder verpass ihr 'nen Tritt in den Hintern, je nachdem.

😘 Gemeinsam geht's besser! Wenn ich auf Ella und Etta aufpassen muss, kommt Marinette meist zu mir nach Hause, und schon macht Babysitten Spaß.

😘 Zeigt eure Freundschaft! Marinette hat mir mal ein Armband geschenkt – selbst gemacht natürlich. Immer wenn ich es anschaue, freue ich mich, dass sie meine beste Freundin ist.

Die größte

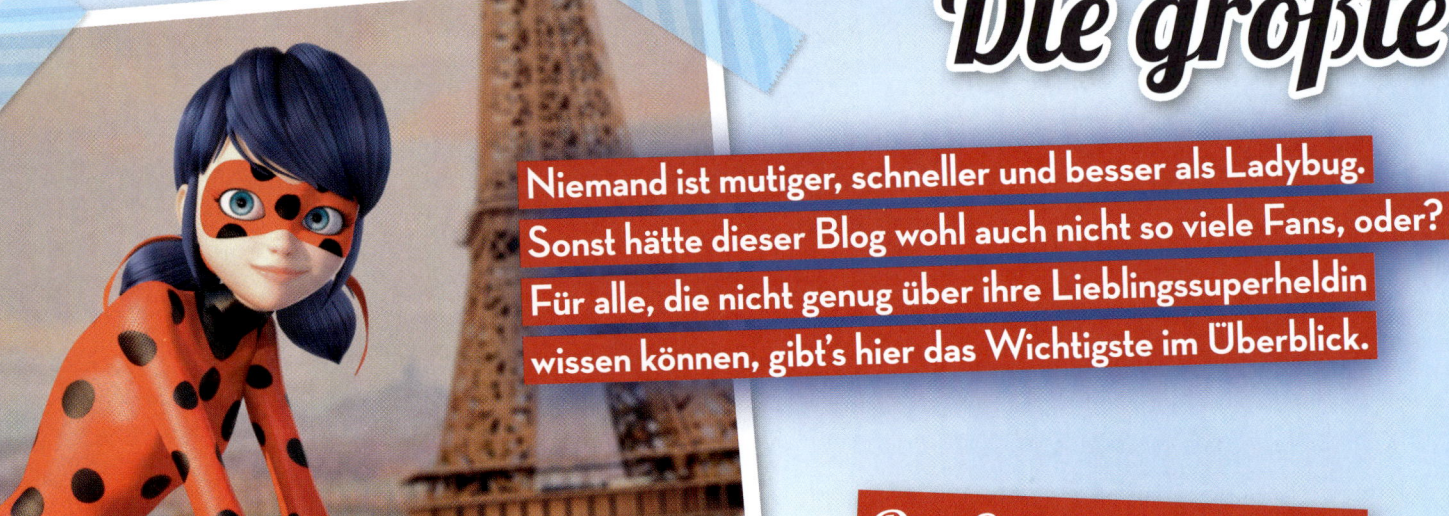

Niemand ist mutiger, schneller und besser als Ladybug. Sonst hätte dieser Blog wohl auch nicht so viele Fans, oder? Für alle, die nicht genug über ihre Lieblingssuperheldin wissen können, gibt's hier das Wichtigste im Überblick.

Der Superhelden-Look

Ladybug ist das englische Wort für Marienkäfer. Kein Wunder, dass das Outfit unserer Superheldin rot mit schwarzen Punkten ist!

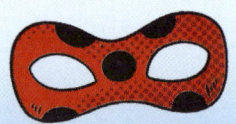

Wer steckt hinter der Maske?

Das würde wohl jeder gerne herausfinden. Aber das ist nahezu unmöglich. Alles ist so geheimnisvoll! Ich hab sogar in allen Büchern der Bibliothek nachgesehen, aber nichts über Ladybug gefunden. Trotzdem hab ich so einiges in Erfahrung gebracht.

Ladybugs Superkraft

Wenn Ladybug ihr Jo-Jo kreisen lässt und **„GLÜCKSBRINGER!"** ruft, entfesselt sie ihre magischen Kräfte. Dann schwärmen Tausende Marienkäfer aus der magischen Wunderwaffe und helfen der Superheldin, Paris zu retten. Seltsam ist allerdings, dass Ladybug danach immer ziemlich schnell verschwindet. Warum das so ist, kriege ich auch noch raus ...

Superheldin aller Zeiten

Eis- und Aquapower

Ladybug lässt sich wirklich durch gar nichts aufhalten. Unter Wasser kämpft sie genauso gegen das Böse wie auf Eis. Als Aqua-Ladybug trägt sie Schwimmflossen, und der Marienkäfer-Look auf Maske und Anzug ändert sich in ein Schuppenmuster. Als Eis-Ladybug ist sie auf Schlittschuhen unterwegs, und ihr Superheldinnen-Look bei Maske und Anzug bekommt ein echt cooles Eiskristallmuster.

Ladybugs **JUMPSUIT** reicht vom Hals bis zu den Finger- und Fußspitzen und liegt an wie eine zweite Haut. Zudem ist er superelastisch und macht jede Bewegung mit.

Ich vermute, dass es die **OHRRINGE** sind, die Ladybug dabei helfen, sich zu verwandeln. Sie sind klein, rund und marienkäferrot mit fünf schwarzen Punkten.

Ladybugs ultimative Multifunktionswaffe ist das **JO-JO**. Sie kann es auswerfen wie ein Lasso, als absolut reißfestes Seil einsetzen, sich damit von Dach zu Dach schwingen oder von den höchsten Gebäuden fallen lassen.

Flieg, Akuma, flieg!

Mit ihrem Jo-Jo fängt Ladybug schwarz-lila, falterartige Akumas, befreit sie vom bösen Bann und entlässt sie als unschuldige weiße Schmetterlinge in die Freiheit.

Facts First!

Über Ladybug kursieren die wildesten Gerüchte. Viele davon sind reine Vermutungen. Aber einiges wissen wir auch sicher. Ich habe hier mal alles für euch zusammengefasst.

Was wir wirklich wissen

Name: Ladybug
Geschlecht: weiblich
Augenfarbe: himmelblau
Haarfarbe: schwarz mit blauem Schimmer
Frisur: dichter Pony und zwei schulterlange Zöpfe
Schmuck: rote Ohrringe mit je fünf schwarzen Punkten
Statur: total durchtrainiert
Ladybug-Look: Marienkäfermuster
Aqua-Look: Fischschuppenmuster und Schwimmflossen
Eis-Look: Eiskristallmuster und Schlittschuhe
Allzweckwaffe: Jo-Jo

Das magische Jo-Jo

Es ist einsetzbar als ...
- Smartphone
- Fernglas
- Wurfgeschoss
- Enterhaken
- Straßensperre
- Fessel
- Lasso
- Abwehrschild
- Akumareiniger
- Navigationssystem
- Atemgerät unter Wasser

Teamarbeit

Außerdem taucht Ladybug immer mit Cat Noir auf – noch so ein geheimnisvoller Superheld ... Zu ihm berichte ich euch später noch mehr. An dieser Stelle nur so viel: Die beiden sind ein super Team und ergänzen sich wirklich perfekt.

Worüber wir nur spekulieren können

Meine Reporterspürnase ist schon allen möglichen Spuren gefolgt – mal mehr, mal weniger erfolgreich. Hier erfahrt ihr, was ich zwar vermutet, inzwischen aber wieder verworfen habe.

Wie alt ist Ladybug?

Angeblich gibt's Ladybug schon seit 5000 Jahren. Aber die Superheldin, die wir kennen, kann unmöglich so alt sein. Woher ich das weiß? Weil ich mit einer Spezial-App die Sprachaufnahmen analysiert habe, die es von Ladybug gibt. Basierend auf der Frequenz ihrer Stimme muss sie in unserem Alter sein. Das heißt, so zwischen dreizehn und fünfzehn. Darüber hab ich bisher nur mit Marinette geredet. Aber Marinette meint, wenn Ladybug ihre Identität geheim hält, will sie vielleicht ihre Freunde und Familie vor den Superschurken schützen. Wie auch immer – wenn ich Ladybug wäre, würde ich es Marinette sagen. Denn meiner besten Freundin erzähle ich alles!

Geht Ladybug in unsere Klasse?

Vor einiger Zeit hab ich sogar mal vermutet, dass Ladybug in meine Klasse geht. Da hatte sie nämlich während meiner Live-Reportage etwas fallen lassen. Direkt vor meine Füße. Und zwar das Geschichtsbuch der zehnten Klasse. Das weiß ich zufällig genau, weil ich das gleiche Buch habe. Ich hab alle möglichen Mädchen aus meiner Klasse verdächtigt – sogar Chloé! Aber die ist ganz bestimmt keine selbstlose Superheldin, die sich für die Schwachen einsetzt und für Gerechtigkeit in der Welt kämpft. Tja, leider weiß ich nicht, ob Ladybug im wahren Leben tatsächlich noch in die Schule geht! Eigentlich weiß ich nur eins ziemlich sicher: Dass es Marinette ist, ist extrem unwahrscheinlich!

Oh Schreck – ich wurde

Ich hätte nie gedacht, dass MIR das mal passiert – aber jetzt hat es mich doch erwischt: Ich bin akumatisiert worden! Leider erinnere ich mich an nichts mehr aus meiner Zeit als Superschurkin, aber mir ist davon berichtet worden ...

Alles fing damit an, dass ich die Vermutung hatte, Chloé könnte Ladybug sein. Darum hab ich Chloé ein wenig nachspioniert – worauf sie mich natürlich sofort bei Direktor Damocles verpetzt hat. Weil ich ihre Privatsphäre verletzt hätte. Pfff!

Ihr könnt euch vorstellen, wie wütend mich das alles gemacht hat! Ich wollte natürlich sofort Marinette anrufen, aber sie war nicht erreichbar. Das hat mich noch zorniger gemacht. Irgendwie kann ich mich nur noch schwach daran erinnern, dass ein dunkler Schmetterling angeflattert kam ...

Der Schuldirektor fand das Ganze harmlos – immerhin war ja niemand zu Schaden gekommen. Aber Chloé hat gedroht, ihren Vater, Bürgermeister Bourgeois, einzuschalten. Darum hat der Direktor schließlich nachgegeben, mich eine Woche von der Schule suspendiert und den Schulblog gesperrt.

Inzwischen weiß ich, dass ich in diesem Moment akumatisiert wurde und das Böse von mir Besitz ergriff. Allerdings hab ich keinerlei Erinnerung an das, was danach geschehen ist. Die anderen haben mir hinterher erzählt, dass ich mich in die Superschurkin Lady WiFi verwandelt hätte.

akumatisiert!

Meine Superwaffe war mein akumatisiertes Handy. Damit hab ich das WiFi-Netz von ganz Paris lahmgelegt. Also nicht ich, sondern Lady WiFi. Wobei wohl ein winziger Rest Alya in der Superschurkin aufgeblitzt ist. Denn Lady WiFi wollte unbedingt herausfinden, wer hinter der Maske von Ladybug steckt.

... und Ladybug hat den bösen Akuma in ihrem Jo-Jo gereinigt. Daraufhin ist ein unschuldiger weißer Schmetterling davongeflogen – und Lady WiFi hat sich in Alya zurückverwandelt. Wie gesagt, an all das hab ich keinerlei Erinnerung. Als ich wieder zu mir kam, hat mich jedoch fast der Schlag getroffen.

Tja, ohne Erfolg! Denn die Marienkäfermaske ging nicht ab. Scheint so 'ne Art Magie zu sein. Aber dann haben Ladybug und Cat Noir mit vereinten Kräften gegen das Böse gekämpft, das mich in die Superschurkin verwandelt hatte. Cat Noir hat die WiFi-Antenne zerstört ...

Denn vor mir stand das Dream-Team der Superhelden! Ich wollte Ladybug und Cat Noir natürlich sofort mit meinem Handy filmen, aber da waren sie schon verschwunden. Trotzdem war es fantastisch, die beiden „in echt" gesehen zu haben. Wenn auch viel zu kurz ...

Im Bann des Bösen

Seit meiner Akumatisierung lässt mich das Thema einfach nicht mehr los. Wie geht es anderen akumatisierten Personen? Haben sie vielleicht mehr Erinnerungen an ihre Zeit als Bösewicht? Dazu hab ich mich mal ein bisschen in meiner Klasse umgehört ...

Drei Fragen an Ivan

Welcher Superschurke warst du?
Stoneheart
Welche Superpower hattest du?
Übermenschliche Kraft, die mit jedem Angriff größer und stärker wurde
Warum wurdest du akumatisiert?
Ich wurde wütend, weil Kim sich über mich lustig gemacht hat.

Drei Fragen an Nino

Welcher Superschurke warst du?
Mich hat's schon mehrmals erwischt! Das erste Mal war ich Bubbler.
Und was noch?
Oblivio – dieses Schicksal habe ich ja mit dir geteilt ... Erinnere mich bitte nicht daran! Zum Glück weiß ich nichts mehr davon!
Welche Superkräfte hattest du?
Als Bubbler konnte ich die Leute in gigantische Seifenblasen einschließen – und als Oblivio Erinnerungen auslöschen.

Drei Fragen an Alix

Welche Superschurkin warst du?
Timebreaker
Welche Superpower hattest du?
Ich konnte in der Zeit zurückreisen.
Warum wurdest du akumatisiert?
Mein Vater hatte mir zum 15. Geburtstag eine wertvolle Uhr geschenkt. Als sie bei einem Wettrennen mit Kim kaputtging, bin ich vor Zorn ausgerastet.

Drei Fragen an Mylène

Welche Superschurkin warst du?
Horrificator
Warum wurdest du akumatisiert?
Wir haben in der Schule einen Film gedreht, und Ivan hat ein Monster gespielt — so perfekt, dass ich meinen Text vergessen hab, weil ich solche Angst hatte.
Und welche Superpower hattest du?
Der Akuma hat mich in ein Schleim spuckendes Wabbelmonster verwandelt, das alles und jeden zugekleistert hat — außer Ivan ...

Drei Fragen an Nathaniel

Welcher Superschurke warst du?
Evillustrator
Welcher Gegenstand von dir war akumatisiert?
Der Stift, mit dem ich meine Superheldencomics zeichne
Welche Superpower hattest du?
Mit dem Stift konnte ich meine Illustrationen Wirklichkeit werden lassen. Außerdem hatte ich einen magischen Radiergummi, mit dem ich alles auslöschen konnte, was mir in die Quere kam.

Drei Fragen an Kim

Welcher Superschurke warst du?
Dark Cupid

Welche Superpower hattest du?
Mit meinem magischen Bogen konnte ich Pfeile abschießen, die Liebende ins Herz trafen und ihre Gefühle in Hass verwandelten.

Warum wurdest du akumatisiert?
Jetzt kann ich's ja sagen, weil's jeder mitgekriegt hat: Am Valentinstag brach Chloé mir das Herz. Das hat mich unglaublich verletzt.

Drei Fragen an Rose

Welche Superschurkin warst du?
Princess Fragrance

Welche Superpower hattest du?
Ich hatte eine Parfümpistole, mit der ich die anderen kontrollieren konnte.

Warum wurdest du akumatisiert?
Also, Chloé hatte mich ständig geärgert und meinte, dass mein Parfüm nach altem Fisch stinke.

Drei Fragen an Max

Welcher Superschurke warst du?
Gamer

Welche Superpower hattest du?
Ich konnte alles, was mir in den Weg kam, in grüne Energiekugeln verwandeln.

Warum wurdest du akumatisiert?
Weil ich wütend darüber war, dass Marinette mich bei einem Videospiel besiegt hat.

Drei Fragen an Juleka

Welche Superschurkin warst du?
Reflekta

Welche Superpower hattest du?
Ich konnte jeden in mein Ebenbild verwandeln.

Warum wurdest du akumatisiert?
Weil Chloé verhindert hat, dass ich auf dem Klassenfoto bin. Da fühlte ich mich von allen verraten und verlassen. Dann kam wohl der Akuma und hat meine Verzweiflung ausgenutzt ...

Drei Fragen an Sabrina

Welche Superschurkin warst du?
Vanisher
Welche Superpower hattest du?
Ich konnte mich total unsichtbar machen. Wäre toll, wenn ich das auch als Sabrina könnte ...
Warum wurdest du akumatisiert?
Irgendwann hab ich es tatsächlich mal gewagt, Chloé zu widersprechen. Da war ich plötzlich nur noch Luft für sie. Das hat mich sooo verletzt – und dann kam dieser dunkle Falter angeflattert ...

Drei Fragen an Chloé

Ich hab mich wohl verhört – drei Fragen reichen für mich ja wohl kaum aus!
Welche Superschurkin warst du?
Wie viel Zeit hast du? Also, ich war Antibug und Queen Wasp, beide unglaublich stylish und wahnsinnig clever ...
Danke, das reicht! **Und welche Superpower hattest du?**
Als Antibug hatte ich die gleichen Kräfte wie Ladybug – allerdings kämpfte ich für das Böse. Und als Queen Wasp konnte ich Wespenschwärme auf meine Feinde hetzen und diese durch ihre Stiche betäuben.
Kannst du dich an etwas erinnern?
Nicht direkt. Aber ich nehme an, dass ich unfassbar geschickt und überlegen war. Ganz bestimmt hätte ich Ladybug besiegt, wenn sie nicht Hilfe von Cat Noir gehabt hätte ...

Drei Fragen an Lila

Welche Superschurkin warst du?
Volpina
Welche Superpower hattest du?
Mit einer magischen Flöte konnte ich Illusionen hervorrufen.
Wie hast du dich gefühlt, als du wieder „aufgewacht" bist?
Irgendwie benommen und erschöpft. Aber leider kann ich mich an gar nichts erinnern.

Was tun, wenn

Ich denke, wir sind uns einig: Keiner will akumatisiert werden! Deswegen habe ich in meinem neuesten Beitrag jede Menge Tipps und Tricks, damit Akumas keine Chance haben.

So bleibst du Akuma-frei!

Wer wird akumatisiert?

Akumatisierung kann jeden treffen. Egal, ob man einen guten Charakter hat oder einen schlechten. Einzige Voraussetzung sind negative Emotionen. Und die hat schließlich jeder mal. Oder warst du noch nie traurig, einsam, enttäuscht, eifersüchtig, neidisch, verzweifelt, wütend oder zornig?

Was beendet die Akumatisierung?

Nur Ladybug kann den Bann brechen. Sie fängt den Akuma mit ihrem magischen Jo-Jo, verwandelt ihn in einen weißen Schmetterling – und der zuvor akumatisierte Mensch ist wieder ganz der Alte. Ohne jegliche Erinnerung an sein Schurkendasein.

es dich erwischt?

Wie du Akumas von dir fernhältst!

- Denk positiv!
- Wenn dich jemand ärgert, atme tief durch und lächle!
- Lass dich nicht provozieren!
- Wenn du merkst, dass du zornig wirst, balle die Hände zu Fäusten und öffne sie wieder. Wiederhole das dreimal!
- Steigere dich nicht in etwas hinein!
- Versuch, cool zu bleiben – egal, was passiert!
- Wenn negative Gefühle in dir aufsteigen, schließ die Augen und zähl von sieben zurück bis eins!
- Wenn die Wut dich packt, bist du in höchster Gefahr. Entspann dich also schnell wieder!

Was tun, wenn ein Bösewicht auftaucht?

- Brich nicht in Panik aus!
- Such dir einen geschützten Platz und bring dich in Sicherheit!
- Verständige Polizei und Medien! So werden auch Ladybug und Cat Noir informiert.
- Sag deiner Familie und deinen Freunden Bescheid!
- Verhalte dich ruhig, bis Ladybug und Cat Noir da sind!
- Versuch nicht, den Helden zu spielen – überlass das den Profis!
- Befolge die Anweisungen der Superhelden!

Superheld oder Superschurke?

Wenn tatsächlich jeder stinknormale Mensch zum finsteren Fiesling werden kann – kann dann auch jeder zum Superhelden werden? Vermutlich nicht! Denn Superhelden sind extrem selten. Warum allerdings ausgerechnet Chloé sich in eine Heldin verwandeln kann? Das finde ich auch noch heraus ...

Nino bringt mich immer zum Lächeln!

Highlight: mein Interview mit Ladybug

Ihr glaubt nicht, was passiert ist! Ich hatte ein Exklusiv-Interview mit Ladybug. Ja, ich, Alya Césaire, saß Auge in Auge mit meiner Lieblingsheldin. Hach, es war einfach spektakulär, unvergesslich und absolut einmalig! Lest selbst!

Okay, also das Ganze begann so: Ladybug hatte Paris gerade mal wieder vor einem Superschurken gerettet. Und es waren jede Menge Reporter da, die sie interviewen wollten. Da hat Ladybug plötzlich mich in der Menge entdeckt. MICH! „Hey, bist du nicht Alya, die einen Blog über mich schreibt?", hat sie gefragt. „Den Ladybug-Blog? Den find ich großartig. Wirklich super! Weiter so!" Könnt ihr euch das vorstellen? Ladybug kennt mich! Und meinen Blog findet sie super. Wirklich super! Wie cool ist das denn? Und dann habe ich tatsächlich ein Interview mit ihr bekommen. Hier ist es: ungekürzt und in voller Länge …

Alya: Ich kann gar nicht fassen, dass ich meiner absoluten Lieblingssuperheldin gegenübersitze. Weißt du was, Ladybug? Das ist vielleicht der wichtigste Moment meines Lebens.

Ladybug: Na, dann leg mal los, Alya! Ich kann dir allerdings nicht versprechen, dass ich all deine Fragen beantworte. Ein paar Dinge müssen nämlich geheim bleiben. Meine Identität zum Beispiel.

Alya: Verstehe. Wobei das die Ladybug-Fans natürlich am meisten interessiert …

Ladybug: Tut mir leid, aber darüber dürfen Superhelden nun mal nicht reden.

Alya: Super Stichwort, Ladybug. Was magst du am liebsten am Superheldenleben?

Ladybug: Dass ich mich für das Gute einsetzen kann.

Alya: Und worauf könntest du verzichten?

Ladybug: Auf Bösewichte, die das Gute immer wieder vernichten wollen.

Alya: Wer war der fieseste Schurke, gegen den du bisher gekämpft hast?

Ladybug: Puh, das kann ich gar nicht sagen! Irgendwie ist jeder auf seine Weise schrecklich.

Alya: Wie fühlt es sich an, für so viele eine Heldin zu sein?

Ladybug: Die große Verantwortung ist manchmal ganz schön anstrengend. Aber zum Glück bin ich nicht alleine.

Ladyblog

Alya: Du spielst auf Cat Noir an. Was magst du an ihm? Was nicht?
Ladybug: Hm, das Kätzchen kann ganz schön frech sein. Aber alles in allem sind wir ein super Team. Wir ergänzen uns gegenseitig.
Alya: Kennst du seine wahre Identität? Und er deine?
Ladybug: Sorry, kein Kommentar!
Alya: Glaubst du an Liebe auf den ersten Blick?
Ladybug: Ja!

Alya: Bist du gerade verliebt?
Ladybug: Diese Frage würde ich nur meiner besten Freundin beantworten.
Alya: Wie würdest du dich in fünf Worten beschreiben?
Ladybug: Superhelden sind immer im Dienst. Waren das fünf? Ich glaube, ja.
Alya: Welche drei Dinge würdest du auf eine einsame Insel mitnehmen?
Ladybug: Meine Maske, mein Jo-Jo – und jede Menge Sonnencreme.
Alya: Was wünschst du dir für die Zukunft?
Ladybug: Dass das Gute siegt!
Alya: Ladybug, ich danke dir für das Interview.
Ladybug: Gerne!
Alya: Das muss ich sofort auf meinem Blog posten …

Helden im Einsatz!

Uuund Action!

Ihr wisst ja, ich bin immer ganz nah dran an Ladybug und Cat Noir. Deswegen kenne ich auch ihre coolsten Rettungsaktionen. Hier zeige ich euch meine persönlichen Highlights.

Eiskalt erwischt!

Dieser Einsatz war echt cool – und zwar im wahrsten Sinne. Erinnert ihr euch, als Superschurkin Stormy Weather ganz Paris mit Blitzeis überzog? Da fand selbst Cat Noir mit seinen scharfen Krallen keinen Halt mehr. Zum Glück hat Ladybug ihn mit ihrem Jo-Jo noch gerettet.

Ein riskanter Fall

Gut, dass Marienkäfer fliegen können – und Katzen keine Höhenangst haben. Als der Bubbler unsere Superhelden in einer Seifenblase gefangen hatte, schwebten sie bereits hoch über dem Eiffelturm, bis es Cat Noir endlich gelang, die Blase zum Platzen zu bringen.

Unvergesslich!

Ihr fragt euch sicher, was bei diesem Auftritt von Ladybug und Cat Noir so spektakulär war – ganz einfach: Die beiden standen direkt vor mir. Leibhaftig!

Das war einer der aufregendsten Momente meines Lebens, ich schwör's euch.

Augen zu und durch!

Wie mutig Ladybug ist, konnte man sehen, als Bösewicht Animan sich in einen Tyrannosaurus Rex verwandelte. Ohne zu zögern, sprang Ladybug in sein weit aufgerissenes Maul, hielt die Kiefer mit einem magischen Wagenheber auseinander, fing den Akuma ein und befreite ihn vom Bann des Bösen. Megacool, oder?

Ladybug im Doppelpack

Als Ladybug von Superschurkin Timebreaker in die Vergangenheit zurückgeschickt wurde, hat das für viel Verwirrung gesorgt. Denn plötzlich gab es unsere Lieblingssuperheldin doppelt. Andererseits können wir von Ladybug gar nicht genug bekommen, stimmt's?

Das Jo-Jo für alle Fälle

Im Kampf gegen den Superschurken Pharao setzte Ladybug ihr Jo-Jo als Fallschirm ein und beförderte den Pharao ins Jenseits. Er wollte nämlich mich – Alya Césaire, die Gründerin des Ladybug-Blogs – opfern, um seine geliebte Nofretete wiederzuerwecken. Zum Glück hat meine Lieblingssuperheldin das verhindert ...

Völlig verdreht!

Einen ihrer verrücktesten Auftritte hatten unsere Superhelden, als Ladybug als „Lady Noir" und Cat Noir als „Mister Bug" erschien. Keine Ahnung, warum – vielleicht haben sie sich von der Modenschau inspirieren lassen, die Marinette an diesem Tag organisiert hatte. Okay, Ladybug steht der schwarze Catsuit supergut. Aber im Marienkäfer-Look gefällt sie mir besser. Von Cat Noir will ich erst gar nicht anfangen ...

Sind Ladybug und

Hallo, Leute, ihr werdet nicht glauben, was heute passiert ist! Ich war live dabei, als unsere Lieblingssuperhelden sich geküsst haben. Und das Beste: Ich habe es gefilmt! Ist das nicht eine Supersensation?

Pssst ... geheim!

Nun stellt ihr euch vermutlich die Frage aller Fragen: Sind die beiden ineinander verliebt? Eins kann ich euch versichern – es war der romantischste Kuss, den ich je gesehen habe. Da hat alles gestimmt. Aber dann hat Ladybug plötzlich **„GLÜCKSBRINGER!"** gerufen, und ein magischer Marienkäferschwarm schwirrte durch die Luft ...

Danach zuckte Ladybug zurück, als ob es ihr furchtbar peinlich wäre. Cat Noir dagegen hat die Situation sichtlich genossen. „Wir sind ein gutes Paar, meinst du nicht?", grinste er. Aber Ladybug hat ihn abblitzen lassen. „Wir sind ein Team – kein Paar", stellte sie klar. Und ergänzte noch, dass sie in einen anderen Jungen verliebt sei. Cat Noir hat nur gelacht und auf mein Handy gezeigt.

Als Ladybug den Fotobeweis von ihrem Kuss gesehen hat, wäre sie vor Scham am liebsten im Boden versunken. „Das ist eine Katastrophe", jammerte sie. Cat Noir war da allerdings ganz anderer Meinung. „Wir sind füreinander bestimmt", sagte er. „Du bist die Einzige, die das nicht merkt."

Cat Noir ein Paar?

Okay, dass es zwischen den beiden knistert, haben ja schon viele von euch vermutet. Ich auch. Ich meine, er flirtet doch ständig mit ihr, oder nicht? Nennt sie „Pünktchen" oder „Mylady"...

... und macht auf Rosenkavalier. Allerdings wirkt Ladybug da nie sonderlich begeistert. Könnte also durchaus sein, dass die Gefühle nur von Cat Noir ausgehen.

Andererseits war Ladybug ganz schön eifersüchtig, als Volpina sich an Cat Noir rangemacht hat. Das würde dafür sprechen, dass auch Ladybug Gefühle für Cat Noir empfindet.

Außerdem – nennt sie ihn nicht ab und zu liebevoll „Kätzchen"? Wie auch immer – es wäre echt der Knaller, wenn die beiden wirklich ein Paar wären. Oder eines Tages werden. Stellt euch mal vor, was wäre, wenn Ladybug und Cat Noir irgendwann mal Kinder bekommen! Wären ihre Babys dann rote Katzen mit schwarzen Tupfen? Oder Marienkäfer, die schnurren?
Die Zukunft wird es zeigen. Und egal, was geschieht – hier auf dem Ladybug-Blog werde ich darüber berichten. Darum klickt wieder rein und bleibt auf dem Laufenden!

Also dann, macht's gut und bis zum nächsten Mal!

Eure Alya